Aldidente mini

Aldidente mini

Die 55 besten Rezepte
Kuchen und Torten

Zusammengestellt von Gabriele Rescher

Eichborn.

3 4 5 6   04 03 02

© Eichborn AG, Frankfurt am Main, März 2002
Umschlagillustration: Uschi Heusel
Lektorat: Oliver Thomas Domzalski
Satz und Layout: Christiane Hahn
Druck und Bindung: EuroGrafica SpA
ISBN 3-8218-3754-3

Verlagsverzeichnis schickt gern:
Eichborn Verlag, Kaiserstraße 66, D-60329 Frankfurt am Main
www.eichborn.de

Inhaltsverzeichnis:

Modetorten

Obsttorten

Noch mehr Torten

1. *Rührteig*

- · 200 g Zucker
- · 400 g Mehl
- · 1 Päckchen Vanillezucker
- · 1 Päckchen Backpulver
- · 300 g Margarine
- · 1 Prise Salz
- · 4 Eier
- · 100 g Stärkemehl
- · 6 bis 8 EL Milch

Eier und Zucker schaumig schlagen, Mehl und Backpulver sieben, dann die übrigen Zutaten zugeben.
((Backofen)) Elektro: 180 Grad, Umluft: 160 Grad, Gasofen: Stufe 2
((Uhr)) ca. 45 Minuten

2. *Mürbeteig (Knetteig)*

- · 200 g Mehl
- · 75 g Zucker
- · 75 g Margarine
- · 1 TL Backpulver
- · 2 Eier

Mehl und Backpulver sieben und nach und nach mit den anderen Zutaten verkneten.
((Backofen)) Elektro: 180 Grad, Umluft: 160 Grad, Gasofen: Stufe 2
((Uhr)) ca. 35 Minuten

3. *Hefeteig*

- · 350 g Mehl
- · 1/2 TL Salz
- · 50 g Zucker
- · 1/2 Würfel frische Hefe oder 1 Päckchen Trockenhefe
- · 1/8 l Wasser
- · 1 Ei
- · 50 g Butter oder Margarine
- · 20 g Butter oder Margarine für Form

Mehl in eine Schüssel geben und eine Vertiefung in der Mitte eindrücken, Hefe hineinbröckeln, mit lauwarmem Wasser, Salz, Zucker und etwas Mehl verrühren. Diesen Vorteig zugedeckt an einem warmen Ort gehen lassen. Ei und Butter hinzufügen und alles zu einem festen Teig verkneten. Teig nochmals an einem warmen Ort aufgehen lassen. Teig in die eingefettete Form geben und backen.

((Backofen)) Elektro: 200 Grad, Umluft: 180 Grad, Gasofen: Stufe 2

((Uhr)) 20 bis 25 Minuten

4. *Selterskuchenteig*

· 4 Eier
· 3 Tassen Mehl
· 2 Tassen Zucker
· 1 Tasse Öl
· 1 Tasse Selters
· 1 Päckchen Backpulver
· 3 EL Kakao

Mehl und Backpulver sieben und nach und nach mit den anderen Zutaten verrühren.

((Backofen)) Elektro: 180 Grad, Umluft: 160 Grad, Gasofen: Stufe 2
((Uhr)) ca. 45 Minuten

5. *Quark-Öl-Teig*

· 200 g Quark
· 1 Prise Salz
· 6 EL Milch
· 8 EL Speiseöl
· 1 Ei
· 1 Päckchen Backpulver
· 400 g Mehl

Alle Zutaten gut verkneten. Fixer Kuchen!

((Backofen)) Elektro: 180 Grad, Umluft: 160 Grad, Gasofen: Stufe 2
((Uhr)) 60 bis 75 Minuten

6. *Biskuitteig*

- · **4 Eier**
- · **150 g Zucker**
- · **1 Päckchen Vanillezucker**
- · **100 g Mehl**
- · **1 TL Backpulver**
- · **100 g Speisestärke**

Eier trennen. Eigelb mit 75 g Zucker und Vanillezucker schaumig rühren. Eiweiß steif und 75 g Zucker unterschlagen. Mehl mit Backpulver, restlichem Zucker und Speisestärke vermischen. Eigelbmasse mit 2 EL Eischnee vermischen, darauf das Mehl sieben und vorsichtig unterheben (nicht rühren). Dann den restlichen Eischnee vorsichtig unterheben. Form mit Backpapier auslegen und den Teig einfüllen.

((Backofen)) Elektro: 180 Grad, Umluft: 160 Grad, Gasofen: Stufe 2

((Uhr)) 20 bis 30 Minuten

7. *Gewürzkuchen*

- · 350 g Zucker
- · 350 g Mehl
- · 125 g Butter
- · 125 g geriebene Zartbitterschokolade
- · 5 Eier
- · 1 Tasse Milch
- · 1 Päckchen Backpulver
- · je eine Messerspitze Nelken, Zimt und Muskat
- · 125 g Puderzucker
- · 3 EL Weinbrand oder Rum

Zucker, Eigelb, Milch und Butter schaumig rühren, dann das mit dem Backpulver vermischte Mehl, die Gewürze und zum Schluß geriebene Schokolade und das steif geschlagene Eiweiß unterheben. Den Teig in eine gefettete und mit Paniermehl eingestreute Kastenform füllen und backen.

Aus Puderzucker und Rum einen Guß anrühren und mit einem Löffel über den Kuchen verteilen.

((Backofen)) Elektro: 170 Grad, Umluft: 150 Grad, Gasofen: Stufe 2

((Uhr)) ca. 60 Minuten

8. *Apfel-Marzipankuchen*

- 250 g Margarine
- 4 Eier
- 250 g Mehl
- 250 g Zucker
- 1 geraspelter Apfel
- 2 Päckchen Vanillezucker
- 2 TL Backpulver
- 100 g zerbröseltes Marzipan
- 1 EL Rum
- Puderzucker

Die Zutaten mit 1 Päckchen Vanillezucker zu einem geschmeidigen Teig verarbeiten. Eine Napfkuchenform einfetten und mit Semmelbröseln bestreuen. Dann den fertigen Teig in die Form füllen. Puderzucker und 1 Päckchen Vanillezucker vermischen und über den fertigen Kuchen streuen.

((Backofen)) Elektro: 150 Grad, Umluftofen 130 Grad, Gas: Stufe: 2

((Uhr)) ca. 60 Minuten

9. Mandarinen-Kirsch-Gugelhupf

· 1 Glas Sauerkirschen
· 2 kleine Büchsen Mandarinen
· 150 g weiche Butter
· 250 g Zucker
· 4 Eier
· 350 ml Buttermilch
· 1 Röhrchen. Bittermandelöl
· 500 g Mehl
· 2 EL Mehl
· 1 1/2 Päckchen Backpulver
· 1 Päckchen Vanillezucker
· 250 g Puderzucker
· 6 EL Zitronensaft

Obst über einem Sieb abtropfen lassen. Fett, Zucker und Vanillezucker schaumig schlagen. Eier unterrühren, Buttermilch und Aroma zufügen und weiter umrühren. Mehl und Backpulver zugeben. Kirschen mit 1 - 2 EL Mehl bestäuben und mit den Mandarinen unter den Teig heben. Gugelhupfform einfetten, einbröseln und Teig einfüllen.

Aus Puderzucker und Zitronensaft Guß bereiten und den fertig gebackenen und abgekühlten Kuchen damit überziehen.

((Backofen)) Elektro: 180 Grad, Umluft: 160 Grad, Gasofen: Stufe 2

((Uhr)) 60 bis 75 Minuten

10. *Englischer Kuchen*

- · 250 g Butter
- · 250 g Zucker
- · 400 g Mehl
- · 4 Eier
- · 1 Päckchen Vanillezucker
- · 3 TL Backpulver
- · 50 g Orangeat
- · 50 g Zitronat
- · 50 g gehackte Mandeln
- · 50 g Belegkirschen
- · 150 g Rosinen
- · 2 EL Puderzucker
- · 1 Prise Salz

Unter die weiche Butter Zucker, eine Prise Salz und Vanillezucker rühren und alles schaumig schlagen. Mehl mit Backpulver vermischen, nach und nach die Eier und die restlichen Zutaten miteinander vermengen.

Nach dem Backen den Kuchen mit Puderzucker bestäuben.

((Backofen)) Elektro: 180 Grad, Umluft: 160 Grad, Gasofen: Stufe 2

((Uhr)) ca. 80 bis 90 Minuten

11. *Zitronenkuchen*

· 5 Eier
· 250 g Mehl
· 250 g Zucker
· 1 Päckchen Backpulver
· 250 g Margarine oder Butter
· 250 g Puderzucker
· 2 Zitronen

Zucker, Butter und Eier schaumig schlagen und unter das mit dem Backpulver vermischte Mehl rühren. Den Teig in eine eingefettete Kastenform füllen.

In den fertig gebackenen, noch heißen Kuchen mit einem Messer eine ca. 3 cm tiefe Kerbe schneiden. Puderzucker mit dem Saft der Zitronen zu einem glatten Guß verrühren und in die Kerbe gießen.

((Backofen)) Elektro: 180 Grad, Umluft: 160 Grad, Gasofen: Stufe 2
((Uhr)) ca. 50 Minuten

12. *Herrenkuchen*

· 200 g Butter
· 200 g Zucker
· 2 Päckchen Vanillezucker
· 6 Eier
· 2 EL Rum
· 200 g geriebene herbe Schokolade
· 200 g gemahlene Mandeln
· 100 g Mehl
· etwas Zimt und Nelkenpulver
· dunkle Schokoladenglasur

Butter, Zucker, Vanillezucker schaumig rühren und Eigelb und Rum unterrühren. Die geriebene Schokolade, Mandeln, Mehl, Zimt und Nelkenpulver mischen und mit den restlichen Zutaten verrühren. Eiweiß steif schlagen und locker unter die Teigmasse heben.

Den abgekühlten Kuchen mit fertiger Schokoladenglasur bestreichen.

((Backofen)) Elektro: 180 Grad, Umluft: 160 Grad, Gasofen: Stufe 2

((Uhr)) ca. 90 Minuten

13. *Nußkuchen*

· 250 g Mehl
· 250 g Butter
· 250 g Zucker
· 5 Eier
· 250 g gemahlene Nüsse
· 1 Päckchen Backpulver

Zucker, Butter und Eier schaumig schlagen und unter das mit dem Backpulver vermischte Mehl rühren. Zum Schluß die gemahlenen Nüsse zugeben und alles nochmals kräftig verrühren, bis der Teig geschmeidig ist. Kastenform einfetten, mit Semmelmehl einstreuen und mit dem Teig füllen.

((Backofen)) Hitze: Elektro: 180 Grad, Umluft: 160 Grad, Gasofen: Stufe 2
((Uhr)) ca. 60 Minuten

14. *Frühstückskuchen*

· 250 g Mehl
· 250 g Zucker
· 150 g gemischte gemahlene Nüsse
· 150 g Butter
· 3 EL Kakao
· 1 TL Backpulver
· 3 Eier
· 1/8 l Sahne

Zucker, Butter und Eier schaumig schlagen und unter das mit dem Backpulver vermischte Mehl rühren. Dann nach und nach Kakaopulver, Sahne und die Nüsse (eine kleine Menge übriglassen) untermengen und so lange rühren, bis der Teig geschmeidig ist. Den Teig in eine eingefettete und mit dem Rest der gemahlenen Nüsse ausgestreute Kastenform füllen.

((Backofen)) Elektro: 180 Grad, Umluft: 160 Grad, Gasofen: Stufe 2
((Uhr)) ca. 45 Minuten

15. *Rotweinkuchen*

- 250 g Butter oder Margarine
- 250 g Zucker
- 250 g Mehl
- 1 Päckchen Backpulver
- 1 Päckchen Vanillezucker
- 4 Eier
- 1 TL Zimt
- 2 TL Kakao
- 100 g Schokostreusel
- 1/8 l Rotwein

Butter, Zucker, Vanillezucker, Eier, Zimt, Kakao, Rotwein schaumig schlagen und unter das mit dem Backpulver vermischte Mehl rühren. Schokostreusel zum Schluß unterheben Alles in eine eingefettete Gugelhupfform gießen.

((Backofen)) Elektro: 180 Grad, Umluft: 160 Grad, Gasofen: Stufe 2

((Uhr)) ca. 50 bis 60 Minuten

16. Marzipankuchen

- 250 g Mehl
- 250 g Zucker
- 200 g weiche Butter
- 4 Eier (trennen)
- 1 TL Backpulver
- 150 g Marzipanrohmasse
- 5 EL Milch
- Puderzucker

Marzipanrohmasse weich kneten, die weiche Butter dazugeben und cremig aufschlagen. Eigelbe und 170 g Zucker unterrühren. Mehl mit Backpulver mischen und mit der Milch gründlich unterrühren. Eiweiße mit dem restlichem Zucker schaumig aufschlagen und den Eischnee vorsichtig unter den Teig heben. Eine Kastenform gut einfetten, mit Mehl bestäuben und den Teig einfüllen.

Den fertig gebackenen Kuchen auf ein Kuchengitter stürzen und mit Puderzucker bestäuben.

((Backofen)) Elektro: 170 Grad, Umluft: 150 Grad, Gasofen: Stufe 2
((Uhr)) ca. 45 Minuten

17. *Marmorkuchen*

- 250 g weiche Butter oder Margarine
- 250 g Zucker
- 4 Eier
- 1/8 l Milch
- 500 g Weizenmehl
- 1 Päckchen Backpulver
- 1 Päckchen Vanillezucker
- 3 EL Kakao
- 2 EL Zucker
- 3 EL Milch

Butter, Zucker und Vanillezucker so lange rühren, bis eine geschmeidige Masse entstanden ist. Mehl und Backpulver mischen und unterrühren. Eier und Milch dazugeben und alles ca. weitere 3 Minuten verrühren. 2/3 des Teiges in eine gefettete und bemehlte Backform füllen.

Für die Kakaomasse 3 EL Kakao, 2 EL Zucker und 3 EL Milch zu einer geschmeidigen Masse verrühren und anschließend mit der restlichen Teigmasse vermischen. Die dunkle Teigmasse in die Backform auf den hellen Teig geben. Mit einer Gabel von oben nach unten kreisend beides miteinander mischen, damit ein Marmormuster entsteht.

Nach Beendigung der Backzeit den Kuchen 5 Minuten in der Form stehenlassen, dann auf einen Kuchenrost stürzen und erkalten lassen.

((Backofen)) Elektro: 180 Grad, Umluft: 170 Grad, Gasofen: Stufe 2
((Uhr)) ca. 60 Minuten

18. *Eierlikörkuchen*

- 1 Tasse Öl
- 250 g Puderzucker
- 1 Tasse Eierlikör
- 5 Eier
- 125 g Stärkemehl
- 125 g Mehl
- 1 Päckchen Backpulver
- etwas Puderzucker zur Deko

Eier, Öl und Puderzucker schaumig rühren, Mehl, Stärkemehl, Backpulver und Eierlikör zufügen, in ein gefettete Kuchenform füllen und backen. Vor dem Servieren mit Puderzucker bestreuen.

((Backofen)) Elektro: 180 Grad, Umluft: 170 Grad, Gasofen: Stufe 2

((Uhr)) ca. 60 Minuten

19. *Joghurtkuchen*

- Joghurtbecher als Maß
- 1 Becher Joghurt (175 g)
- 3 Becher Mehl
- 2 Becher Zucker
- 3 TL Backpulver
- 1/2 Becher geschmolzene Butter
- 3 Eier
- 1 Päckchen Vanillezucker
- Zitronenaroma

Alle Zutaten gut verrühren, bis der Teig geschmeidig ist. Eine Kastenform einfetten und mit Semmelbröseln bestäuben. Teig einfüllen.

((Backofen)) Elektro: 180 Grad, Umluft: 170 Grad, Gasofen: Stufe 2

((Uhr)) ca. 50 Minuten

20. *Orangenkuchen*

- 100 g Margarine
- 125 g Zucker
- 6 - 8 Spritzer Süßstoff
- 1 Prise Salz
- 3 Eier
- 2 TL Orangeat
- 1/2 TL abgeriebene Zitronenschale
- 80 g gemahlene Mandeln
- 1 TL Backpulver
- 200 g Mehl
- 6 EL Orangensaft
- 3 EL Zitronensaft
- 4 EL Orangenmarmelade

Zucker, Margarine, Süßstoff und Salz schaumig rühren, nach und nach Eier, Zitronenschale und Orangeat unterrühren. Mehl mit dem Backpulver mischen, Mandeln, Orangen- und Zitronensaft unter den Teig rühren. Eine Kastenform mit Backpapier auslegen, den Teig einfüllen.

Den ausgekühlten Kuchen mit der Orangenmarmelade überziehen.

((Backofen)) Elektro: 180 Grad, Umluft: 170 Grad, Gasofen: Stufe 2

((Uhr)) ca. 50 Minuten

21. *Makronenkuchen*

· 175 g Zucker
· 200 g Butter
· 2 Eier
· 1 Päckchen Vanillezucker
· 200 g Mehl
· 50 g Speisestärke
· 1 TL Backpulver
· 2 Eigelb
· 1 Prise Salz
BELAG:
· 2 Eiweiß
· 100 g Zucker
· 175 g gemahlene Mandeln
· 2 Tropfen Bittermandelöl

Butter schaumig rühren, Zucker, Vanillezucker, Eier, Salz und die 2 Eigelb unterrühren. Speisestärke, Mehl und Backpulver mischen und langsam unterrühren. Teig in eine mit Backpapier ausgelegte Form füllen. Für den Belag Eiweiß zu Schnee schlagen, Zucker und Bittermandelöl unterschlagen. Zum Schluß die gemahlenen Mandeln vorsichtig unterheben.

In der Mitte des Teiges mit einem Löffel eine Vertiefung drücken (ca. 3 x 3 cm) und die Makronenmasse in die Vertiefung geben.

((Backofen)) Elektro: 180 Grad, Umluft: 170 Grad, Gasofen: Stufe 2

((Uhr)) ca. 60 bis 80 Minuten

22. *Bananenkuchen*

· 250 g Zucker
· 250 g Butter
· 300 g Mehl
· 2 TL Backpulver
· 4 Eier
· 1 Päckchen Vanillezucker
· 1 TL Natron
· 2 EL Kakao
· 1 TL Zimt
· 4 Bananen

Bananen mit der Gabel zerdrücken. Aus den übrigen Zutaten einen geschmeidigen Teig herstellen, Bananenbrei daruntermischen und in eine gefettete Napfkuchenform füllen.

((Backofen)) Elektro: 180 Grad, Umluft: 170 Grad, Gasofen: Stufe 2

((Uhr)) ca. 60 Minuten

23. *Mandel-Butterkuchen*

· Sahnebecher als Maß
· 1/4 l süße Sahne
· 2 Becher Mehl
· 1 Becher Zucker
· 4 Eier
· 1 Päckchen Backpulver
· 1 Päckchen Vanillezucker
· abgeriebene Zitronen-
schale von einer Zitrone
· 1 Prise Salz
BELAG:
· 200 g gehobelte
Mandeln
· 1 Becher Zucker
· 125 g Butter
· 5 EL Milch
· 1 Päckchen Vanillezucker

Die Zutaten für den Boden zu einem geschmeidigen Teig verrühren, auf ein eingefettetes Blech streichen und ca. 10 Minuten bei 200 Grad vorbacken. Die Zutaten für den Belag einmal kurz aufkochen, ein wenig abkühlen lassen und auf den Kuchen streichen.

((Backofen)) Elektro: 200 Grad, Umluft: 180 Grad, Gasofen: Stufe 2

((Uhr)) weitere 15 bis 20 Minuten backen

24. Hexenkuchen

- 200 g Margarine
- 125 g Mehl
- 4 Eier
- 1 TL Backpulver
- 200 g Puderzucker
- 1 Päckchen Vanillezucker
- 125 g Speisestärke
- 2 EL Kakao

BELAG:
- 100 g Kokosfett
- 1 Vanille-Puddingpulver
- 375 ml Wasser
- 4 EL Zucker
- 1 Päckchen grüne Götterspeise
- 100 g Butter
- 1/8 l Pfefferminzlikör
- Puderzucker

Mehl mit Speisestärke und Backpulver vermischen und zusammen mit der Margarine, Puderzucker, Eier, Vanillezucker zu einem geschmeidigen Teig verrühren. Den Teig teilen und unter die eine Hälfte den Kakao rühren. Ein Blech mit Backpapier belegen, erst den hellen, dann den dunklen Teig darauf verstreichen. Nach dem Backen den Kuchen abkühlen lassen.

Für den Belag in einer Tasse Wasser Puddingpulver und Götterspeise auflösen. Das restliche Wasser mit dem Zucker zum Kochen bringen, die angerührte Masse hineinrühren, kurz aufkochen lassen und dann vom Herd nehmen. Kokosfett und Butter unter die heiße Masse schlagen. Pfefferminzlikör zugeben und mit Puderzucker nach Geschmack süßen. Den Belag auf den Kuchen verstreichen und fest werden lassen.

((Backofen)) Elektro: 200 Grad, Umluft: 180 Grad, Gasofen: Stufe 2
((Uhr)) ca. 20 Minuten

25. *Pfirsich-Ananaskuchen*

- 250 g Mehl
- 150 g Zucker
- 200 g Butter
- 4 Eier
- 1 Päckchen Vanillezucker
- 3 TL Backpulver
- 1 Prise Salz
- 1 große Dose Ananas
- 1 Dose Pfirsiche

BELAG:
- 4 Eier
- 120 g Zucker
- 80 g Stärkemehl
- 60 g Butter
- 1/4 l süße Sahne

Aus den erstgenannten Zutaten einen Rührteig herstellen, auf ein eingefettetes Blech geben und die abgetropften Früchte darauf verteilen.

Für den Belag die ganzen Eier mit Zucker schaumig rühren, Stärkemehl, flüssige Butter und Sahne zugeben und nochmals alles verrühren. Belag nach der Hälfte der Backzeit auf den Kuchen streichen. Weiterbacken!

((Backofen)) Elektro: 175 bis 200 Grad, Gasofen: Stufe 2
((Uhr)) ca. 30 bis 40 Minuten

26. *Sauerkirschkuchen*

· **500 g Quark**
· **200 g Zucker**
· **350 g Mehl**
· **2 Gläser Sauerkirschen**
· **2 TL Backpulver**
· **4 EL Puderzucker**
· **1 Vanillezucker**
· **250 g Margarine**
· **4 Eier**
· **1 Prise Salz**
· **2 Eigelb**

Die Kirschen in ein Sieb gießen und abtropfen lassen. Zucker, 1 Päckchen Vanillezucker, Margarine und Salz schaumig rühren. Quark, Eier und Eigelb zugeben und weiter rühren. Zum Schluß das mit dem Backpulver vermischte Mehl zugeben und alles zu einem geschmeidigen Teig verarbeiten. Tiefes Blech einfetten, Teig einfüllen, glattstreichen und die Kirschen darauf verteilen. Den fertigen Kuchen mit Puderzucker bestäuben.

((Backofen)) Elektro: 175 bis 200 Grad, Umluft: 155 Grad, Gasofen: Stufe 2
((Uhr)) ca. 45 Minuten

27. *Apfelkuchen mit Zimtbutter*

· 500 g Mehl
· 2 Eier
· 1/4 l Milch
· 40 g Hefe
· 50 g Zucker
· 75 g Butter
BELAG:
· 200 g weiche Butter
· 1 gehäufter Teelöffel Zimt
· 1 Messerspitze Salz
· 8 Äpfel
· Zitronensaft
· 150 g brauner Zucker

Die Zutaten für den Teig miteinander vermischen und so lange mit dem Mixer schlagen, bis er sich zu einem Ball zusammenrollt. Er sollte leicht klebrig sein, sonst ist er zu nass oder zu trocken. Dann an einen warmen Ort stellen und gehen lassen.

Ein Backblech einfetten und mit Semmelbrösel bestreuen. Den Hefeteig darauf ausrollen und mit dem Kochlöffelstiel Löcher im Abstand von ca. 5 cm hineinstechen. Den Hefeteig abdecken und noch einmal gehen lassen. Sollten sich die Löcher zusammengezogen haben, nochmals einstechen. Die fast flüssige Butter mit dem Zimt mischen. Die Äpfel grob raspeln und in einer Schüssel mit Zitrone verrühren. Jetzt die Butter mit einem Teelöffel in die Löcher auf dem Hefeteig geben und die Apfelraspel gleichmäßig darauf verteilen.

Zum Schluß mit dem braunen Zucker bestreuen.

((Backofen)) Elektro: 180 Grad, Umluft: 160 Grad, Gasofen: Stufe 2

((Uhr)) ca. 30 Minuten

28. Mooskuchen

- 250 g Butter
- 250 g Zucker
- 6 Eigelb
- 50 g Kakao
- 1 Flasche saure Sahne
- 1 Messerspitze Backpulver
- 1 TL Natron
- 2 Tassen Mehl

BELAG:
- 6 Eiweiß
- 6 EL Puderzucker
- 200 g Kokosfett
- 1 TL Zucker
- etwas Kaffeepulver

Alle Zutaten für den Boden zu einem geschmeidigen Teig verarbeiten und backen.

Für den Belag Kokosfett auslassen (nicht kochen) und mit dem Puderzucker mischen. Eiweiß mit etwas Zucker steif schlagen und unter das Fett mischen. Warme Mischung sofort auf den fertigen Boden streichen und hauchdünn mit gemahlenem Kaffee bestäuben.

Der Belag färbt sich über Nacht moosfarben ein.

((Backofen)) Elektro: 200 Grad, Umluft: 180 Grad, Gasofen: Stufe 2

((Uhr)) ca. 20 Minuten

29. *Quark-Apfelkuchen*

- 400 g Mehl
- 150 g Zucker
- 2,5 kg Äpfel
- 200 g Butter

BELAG:
- 500 g Quark
- 4 Eier
- 2 Päckchen Puddingpulver
- 150 g Zucker
- 2 TL Zimt

Mehl, Butter und Zucker mit dem Knethaken zu Streuseln verarbeiten. Eventuell etwas kaltes Wasser unterkneten. Teig eine halbe Stunde kalt stellen. Inzwischen Äpfel schälen, entkernen und in Spalten schneiden. Die Eier trennen und das Eiweiß mit dem Mixer oder Schneebesen zu steifem Schnee schlagen, dann den Zucker 2 Minuten unterschlagen. Quark, Puddingpulver und die Eigelbe locker unter den Schnee heben. Ein gefettetes Blech mit dem Mürbeteig auskleiden, die Quarkmasse überziehen und die Apfelspalten auf dem Belag anordnen.

Zum Schluß den Kuchen mit Zimt bestreuen.

((Backofen)) Elektro: 180 Grad, Umluft: 160 Grad, Gasofen: Stufe 2

((Uhr)) ca. 50 Minuten

30. *Kirsch-Joghurt-Kuchen*

· 1 Glas Sauerkirschen
· 200 g Zucker
· 350 g Weizenmehl
· 150 ml Speiseöl
· 1 Päckchen Vanillezucker
· 1 Päckchen Backpulver
· 4 Eier
· 4 EL Rum
BELAG:
· je 1 Päckchen Tortenguß
klar und rot
· 250 ml Kirschsaft
· 2 EL Zucker
· 175 bis 200 g
Kirschjoghurt

Kirschen in einem Sieb abtropfen lassen und den Saft zur Seite stellen. Alle Zutaten für den Teig miteinander verrühren und auf ein gefettetes Blech streichen. Die gut abgetropften Kirschen auf dem Teig verteilen. Nach dem Backen den Kuchen abkühlen lassen. Für den Guß Tortenguß nach Packungsanleitung (aber nur mit 250 ml Kirschsaft) sowie mit dem Joghurt und Zucker anrühren, auf dem Kuchen verteilen und fest werden lassen.

((Backofen)) Elektro: 200 Grad, Umluft: 180 Grad, Gasofen: Stufe 2

((Uhr)) ca. 25 bis 30 Minuten

31. *Bienenstich*

- 300 g Mehl
- 30 g Hefe
- 1/8 l Milch
- 60 g Butter
- 40 g Zucker
- 1 Ei
- 1 Prise Salz

BELAG:
- 125 ml Schlagsahne
- 50 g Zucker
- 50 g Honig
- 300 g Mandelblätter

Mehl in eine Backschüssel sieben, in die Mitte eine Vertiefung drücken, die Hefe hineinbröckeln und 1 TL Zucker darüber streuen. Die warme Milch über die Hefe gießen und mit einem Holzlöffel den Teig verrühren. Schüssel zudecken und an einem warmen Ort 15 Minuten gehen lassen. Den restlichen Zucker, das Ei und die weiche Butter in die Schüssel geben. Alle Zutaten kräftig verkneten und schlagen, bis der Teig locker ist und Blasen wirft. Den Teig auf einem eingefetteten Backblech so ausrollen, daß er etwa die Hälfte des Blechs bedeckt. Den Teig mit einer Gabel mehrmals einstechen und zugedeckt an einem warmen Ort nochmals 20 Minuten gehen lassen. Für den Belag Sahne, Zucker und Honig in einem Topf aufkochen, anschließend die Mandeln unterheben. Vom Herd nehmen, leicht abkühlen lassen und anschließend gleichmäßig auf den gegangenen Teig streichen. Backen, bis der Belag goldgelb ist.

((Backofen)) Elektro: 225 Grad, Umluft: 200 Grad, Gasofen: Stufe 2
((Uhr)) ca. 25 bis 30 Minuten

32. *Blaubeerkuchen*

- · 130 g **Weizenmehl**
- · 3 EL **Zucker**
- · 1 **Ei**
- · 150 g **Butter**
- · 75 ml **saure Sahne**
- · 650 g **Blaubeeren**
- · 1 EL **Semmelbrösel**

Weiche Butter schaumig rühren, Ei, saure Sahne und Mehl zugeben und zu einem geschmeidigen Teig verarbeiten. 60 Minuten kalt stellen.

Backblech mit Backpapier auslegen, den Teig auf einer bemehlten Arbeitsplatte dünn ausrollen und vorsichtig auf das Backblech heben. Die Blaubeeren waschen, gut abtropfen lassen, mit Zucker und Semmelbrösel mischen und auf dem Teig verteilen, dabei einen Rand von 2-3 cm lassen, der nach innen umgeschlagen wird.

((Backofen)) Elektro: 180 Grad, Umluft: 160 Grad, Gasofen: Stufe 2
((Uhr)) ca. 30 Minuten

33. *Schneewittchenkuchen*

· Grundteig des Selterskuchenteig (Rezept 4)

BELAG:
· 1 Glas Sauerkirschen
· 250g Butter
· 1/2 l Milch
· 1 Päckchen Vanillepudding
· 2 EL Zucker
· 250 g Kokosfett
· 6 EL Zucker
· 6 EL Kakao
· 2 Eier

Teig auf einem mit Backpapier ausgelegten Blech verteilen, Kirschen in einem Sieb abtropfen lassen, auf den Teig legen und backen.

Boden abkühlen lassen. Inzwischen aus Milch, Puddingpulver und 2 EL Zucker einen Pudding kochen und abkühlen lassen. Weiche Butter löffelweise unterrühren. Mit der Buttercreme den Boden bestreichen. Kokosfett zerlaufen und etwas abkühlen lassen, mit den Eiern, der Milch, 4 EL Zucker und dem Kakao verrühren. Schokoguß über die Buttercreme ziehen. Kühl stellen.

((Backofen)) Elektro: 175 Grad, Umluft: 160 Grad, Gasofen: Stufe 2
((Uhr)) ca. 20 bis 30 Minuten

34. *Linzer Blechkuchen*

- 200 g Mehl
- 200 g Butter
- 100 g Zucker
- 1 Ei
- 1 Prise Salz
- 1/2 TL Backpulver
- 100 g gemahlene Mandeln
- abgeriebene Zitronenschale

FÜLLUNG:
- 5 Zwiebäcke
- 1 Schnapsglas Rum
- 450 g Johannisbeermarmelade
- etwas Kondensmilch

Aus den erstgenannten Zutaten einen Mürbeteig kneten und 30 Minuten kühl lagern. Auf einer bemehlten Unterlage 2/3 des Teiges ausrollen und auf ein gefettetes Backblech legen. Dabei einen Rand formen. Zwieback sehr klein bröseln und auf den Kuchenboden streuen. Rum mit der Johannisbeermarmelade verrühren und auf den Kuchenboden streichen. Restlichen Teig ausrollen und schmale Streifen schneiden, den Kuchen damit gitterförmig belegen. Die Streifen mit der Kondensmilch bestreichen.

((Backofen)) Elektro: 180 Grad, Umluft: 160 Grad, Gasofen: Stufe 2

((Uhr)) ca. 35 bis 40 Minuten

35. *Bounty-Kuchen*

- 250 g Zucker
- 250 g Butter
- 350 g Mehl
- 1 Päckchen Backpulver
- 1 Päckchen Vanillezucker
- 6 EL Milch
- 100 g Kokosraspeln
- 10 Riegel Bounty
- 100 g Zartbitterschokolade
- 30 g Kokosfett
- 5 Eier
- 1 Prise Salz

Weiche Butter, Milch, Zucker, eine Prise Salz, Vanillezucker und Eier schaumig schlagen. Mehl mit dem Backpulver vermischen und alles zu einem geschmeidigen Teig verarbeiten. Eine Kastenform mit Backpapier auslegen, die Hälfte des Teiges einfüllen, die Bountys darauf verteilen und den restlichen Teig darauf verstreichen. Nach dem Backen Kuchen aus der Form lösen, Backpapier entfernen und Kuchen erkalten lassen. Schokolade mit dem Kokosfett im Wasserbad erhitzen, bis eine geschmeidige Masse entstanden ist. Den Kuchen damit überziehen und mit Kokosöraspeln bestreuen.

((Backofen)) Elektro: 180 Grad, Umluft: 160 Grad, Gasofen: Stufe 2 (Bei Umluft und Gas nicht vorheizen!) ((Uhr)) ca. 60 Minuten

36. *Fanta-Kuchen*

· 350 g Zucker
· 350 g Mehl
· 1 Päckchen Vanillezucker
· 1 Päckchen Backpulver
· 5 Eier
· 1 Tasse Öl
· 1 Tasse Fanta
BELAG:
· 2 Becher süße Sahne
· 3 Becher Schmand
· 1 Päckchen Vanillezucker
· 2 Päckchen Sahnesteif
· 2 TL Zimt

Die Zutaten für den Boden miteinander verrühren, das Backblech mit Backpapier auslegen und den Teig auf das Blech verteilen.

Für den Belag den Schmand in eine Schüssel geben, die Sahne mit Sahnesteif und Vanillezucker in einem extra Gefäß steif schlagen und dann unter den Schmand heben. Den Belag gleichmäßig auf dem Teig verteilen und anschließend mit Zimt bestreuen.

((Backofen)) Elektro: 180 Grad, Umluft: 160 Grad, Gasofen: Stufe 2

((Uhr)) ca. 25 bis 30 Minuten

37. *Crème-fraîche-Torte*

· 200 g Mehl
· 75 g Zucker
· 1/2 Päckchen Backpulver
· 1 Päckchen Vanillezucker
· 80 g Butter
· 1 Ei
BELAG:
· 1/2 l Milch
· 2 Päckchen Vanillepudding
· 175 g Zucker
· 600 g Crème fraîche,
· 500 g Pfirsiche aus der Dose

Aus den Teigzutaten einen Mürbeteig herstellen und für 30 Minuten im Kühlschrank lagern. Für den Belag aus Milch und Puddingpulver einen Vanillepudding zubereiten, Crème fraîche und Zucker unterrühren. Eine Springform mit dem Mürbeteig belegen und einen kleinen Rand hochdrücken. Den Belag einfüllen und das Obst darauf verteilen. *((Backofen)) Elektro: 175 Grad, Umluft: 155 Grad, Gasofen: Stufe 2*
((Uhr)) ca. 50 bis 60 Minuten

38. *Mon-Chérie-Torte*

· **375 g Mehl**
· **250 g Zucker**
· **5 Eier**
· **3 Päckchen Vanillezucker**
· **1 Päckchen Backpulver**
· **125 g gemahlene Mandeln**
· **250 g Butter**
· **80 g geraspelte Schokolade**
· **250 g Mon Cherie**
· **2 Becher süße Sahne**
· **1 Gläschen Kirschlikör**
· **2 Päckchen Sahnesteif**
· **Puderzucker**

Aus Mehl, Zucker, gemahlenen Mandeln, 1 Päckchen Vanillezucker, Backpulver, Butter und Eiern einen Rührteig herstellen. Mon Cherie im Wasserbad auflösen, mit dem Mixer pürieren und unter den Teig rühren.

Nach dem Backen den Boden abkühlen lassen und einmal durchschneiden. Für die Füllung die Schlagsahne mit Sahnesteif und 2 Päckchen Vanillezucker steif schlagen, den Kirschlikör zugeben und einen Boden damit bestreichen, den anderen drauf legen. Den fertigen Kuchen mit Puderzucker und geraspelter Schokolade bestäuben.

((Backofen)) Elektro: 175 Grad, Umluft: 155 Grad, Gasofen: Stufe 2

((Uhr)) ca. 50 Minuten

39. *Negerkußtorte*

- · 2 Eier
- · 1 EL Wasser
- · 75 g Zucker
- · 50 g Mehl
- · 50 g Speisestärke
- · 1 TL Backpulver
- · abgeriebene Zitronenschale von einer Zitrone
- · 250 g Quark
- · 1 EL Zitronensaft
- · 12 Negerküsse
- · 2 Becher Schlagsahne

Eier mit 1 EL kaltem Wasser schaumig schlagen, dann den Zucker nach und nach einrieseln lassen. Alles zu einer dicken Masse verrühren. Mehl, Speisestärke und Backpulver mischen, darübersieben und mit der geriebenen Zitronenschale zu einem schaumigen Teig verarbeiten. Den Teig in eine mit Backpapier ausgelegte Springform füllen und backen.

Boden aus der Form nehmen und auskühlen lassen. Quark mit abgeriebener Zitronenschale verrühren, die Schaummasse von den Negerküssen ablösen und unter den Zitronenquark rühren. Die Sahne steif schlagen und unter den Quark ziehen. Creme gleichmäßig auf den Boden streichen und mehrere Stunden kalt stellen. Waffeln von den Negerküssen zum Dekorieren benutzen.

((Backofen)) Elektro: 175 Grad, Umluft: 155 Grad, Gasofen: Stufe 2
((Uhr)) ca. 15 Minuten

40. *Papageienkuchen*

· 250 g Mehl
· 250 g Zucker
· 250 g Margarine
· 5 Eier
· 4 EL Schmand
· 1 Päckchen Backpulver
BELAG:
· 1 Päckchen Vanille-
Soßenpulver
· 1 EL Kakaopulver
· 1 Päckchen
Waldmeister-
götterspeise (instant)
· 1 Päckchen Kirsch-
götterspeise (instant)

Aus den erstgenannten Zutaten einen Rührteig herstellen. Dann den Teig in 4 Portionen teilen. Unter den ersten Teil Soßenpulver, unter den zweiten Teil Kakao, unter den dritten Teil Waldmeistergötterspeise und unter den viertel Teil Kirschgötterspeise rühren. Die einzelnen Teile nacheinander in eine eingefettete Kuchenform füllen.

((Backofen)) Elektro: 180 Grad, Umluft: 160 Grad, Gasofen: Stufe 2

((Uhr)) ca. 50 bis 60 Minuten

41. *After-Eight-Torte*

· 100 g Butter
· 100 g Zucker
· 5 Eier
· 100 g geriebene Zart-
bitterschokolade
· 200 g gemahlene
Mandeln
· 1 TL Backpulver
· 100 ml Sahne
· 1 EL Rum

BELAG:
· 1 Päckchen After Eight
· 750 ml Schlagsahne
· 4 Päckchen Sahnesteif

Für den Belag After Eight mit der Schlagsahne aufkochen und mindestens 12 Stunden kalt stellen.
12 Täfelchen für die Deko zurücklassen.

Für den Teig Butter, Zucker und Eigelb schaumig
schlagen. Mandeln, geriebene Schokolade und
Backpulver mischen und zusammen mit dem Rum
unterrühren. Springform mit Backpapier auslegen
und den Teig einfüllen.

Nach dem Backen Boden abkühlen lassen. Nun den
Belag kuppelförmig auf den Kuchen streichen und
mit den After Eight Täfelchen dekorieren.

((Backofen)) Elektro: 180 Grad, Umluft: 160 Grad,
Gasofen: Stufe 3 (nicht vorgeheizt)
((Uhr)) ca. 25 bis 30 Minuten

42. *Erdbeercremetorte*

- 150 g Mehl
- 150 g Zucker
- 1 Päckchen Vanillezucker
- 150 g Margarine
- 1/2 TL Backpulver
- 2 Eier
- 1 EL Paniermehl
- 1/2 l Milch
- 2 EL Zucker
- 1 Päckchen Vanillepuddingpulver
- 400 g Erdbeeren
- 1 EL Zucker

Einen Rührteig aus Mehl, Backpulver, Vanillezucker, Zucker, Margarine und Eiern herstellen. Eine Tortenform einfetten, mit dem Paniermehl bestreuen und den Teig einfüllen.

Den fertig gebackenen Tortenboden auskühlen lassen. Aus Milch, Zucker und Puddingpulver nach Packungsangabe einen Vanillepudding bereiten, etwas abkühlen lassen und auf den Tortenboden gießen. Nachdem die Creme vollständig abgekühlt ist, mit frischen, halbierten Erdbeeren belegen. Erst kurz vor dem Servieren mit 1 EL Zucker bestreuen.

((Backofen)) Elektro: 200 Grad, Umluft: 180 Grad, Gasofen: Stufe 2
((Uhr)) ca. 25 bis 30 Minuten

43. *Birnentorte*

- · 350 g Mehl
- · 125 g Puderzucker
- · 1 Eigelb
- · 250 g Butter
- **BELAG:**
- · 750 g Birnen
- · 2 EL Zitronensaft
- · 2 EL Semmelbrösel
- **GUSS:**
- · 1 Becher saure Sahne
- · 1 Becher süße Sahne
- · 125 g Frischkäse
- · 100 g gehackte Mandeln
- · 2 Eier
- · 50 g Zucker
- · 1 Gläschen Birnengeist
- · 1 Messerspitze Zimt

Aus den erstgenannten Zutaten einen Mürbeteig kneten. Birnen waschen, schälen, halbieren und entkernen. Mit Zitronensaft beträufeln. Eine Springform mit Backpapier auslegen, Teig darauf auslegen und einen Rand andrücken. Auf den Boden die Semmelbrösel streuen, die Birnen dicht auslegen und in den Backofen schieben.

((Uhr)) ca. 20 Minuten

Die restlichen Zutaten für den Guß miteinander verrühren, über die Birnen gießen und weiterbacken.

((Backofen)) Elektro: 220 Grad, Umluft: 200 Grad, Gasofen: Stufe 2

((Uhr)) weitere ca. 40 bis 50 Minuten

44. Zitronentorte

- 300 g Mehl
- 100 g Zucker
- 1 Ei
- 150 g Butter
- 1 Prise Salz
- 50 g gehackte Mandeln

BELAG:
- abgeriebene Schale und Saft einer Zitrone
- 200 g Zucker
- 4 Eier
- 150 g Sahne
- 2 Zitronen
- 75 g Zucker

Zucker, Mehl, Mandeln und Salz in einer Schüssel mischen, Ei und Butter dazugeben und einen Mürbeteig kneten. 60 Minuten kalt stellen. Auf einer bemehlten Unterlage ausrollen. Eine Tortenbodenform einfetten und mit dem Teig auskleiden. Für die Füllung Zitronensaft und -schale, Zucker und Eier verrühren, Sahne schlagen, leicht unterheben und auf den Tortenboden gießen. Nach dem Backen Torte in der Form auskühlen lassen. Inzwischen abgewaschene Zitronen in Scheiben schneiden. In einer Pfanne 150 ml Wasser erhitzen und 75 g Zucker darin auflösen. Zitronenscheiben hineingeben und etwa 15 Minuten garen. Abgekühlte Zitronenscheiben auf den Kuchen legen, mit einem Löffel die Zuckerlösung über den Kuchen verteilen und erkalten lassen.

((Backofen)) Elektro: 180 Grad, Umluft: 160 Grad, Gasofen: Stufe 2
((Uhr)) ca. 40 bis 50 Minuten

45. *Stachelbeertorte*

- 125 g Margarine
- 125 g Zucker
- 200 g Mehl
- 3 Eier
- 1 Päckchen Vanillezucker,
- 2 TL Backpulver
- 2 EL Sahne
- 1 Prise Salz
- abgeriebene Zitronenschale
- 750 g Stachelbeeren

BELAG:
- 3 Eiweiß
- 120 g Zucker
- 50 g Kokosraspeln

Die Stachelbeeren putzen. Mehl mit dem Backpulver vermischen. Margarine, Zucker, Salz, Vanillezucker und abgeriebene Zitronenschale schaumig rühren. Nach und nach die Eier zufügen. Alles mit dem Mehl verrühren und löffelweise die Sahne unter den Teig rühren. Den Teig in eine gefettete Springform geben und die Stachelbeeren darauf verteilen. Den Kuchen backen.

((Uhr)) 45 Min. backen.

Das Eiweiß zu steifem Schnee schlagen, dann langsam den Zucker zugeben. Zum Schluß vorsichtig die Kokosraspeln unterheben. Die Masse auf den Kuchen streichen und weiterbacken.

((Backofen)) Elektro: 18 Grad, Umluft: 160 Grad, Gasofen: Stufen 2

((Uhr)) weitere ca. 15 bis 20 Minuten

46. *Calvados-Apfeltorte*

- · 200 g Mehl
- · 80 g Zucker
- · 100 g Butter
- · 1 TL Backpulver
- · 1 Prise Salz
- · 1 Päckchen Vanillezucker
- · 1 Ei
- · 1 EL Milch
- **BELAG:**
- · 4 Äpfel
- · 1 dl Calvados
- · 2 EL Zucker
- · 1 Päckchen Tortenguß rot
- · Saft einer halben Zitrone

Aus den erstgenannten Zutaten einen Mürbeteig kneten und mindestens 30 Minuten kalt stellen. Den Teig in eine eingefettete Springform drücken und mit der Gabel mehrmals einstechen. Die Äpfel schälen, vierteln, entkernen und in ca. 1 cm dicke Scheiben schneiden. Zitronensaft mit Calvados, Zimt und Zucker verrühren und die Apfelscheiben darin ca. 20 Minuten ziehen lassen. Dann die Apfelscheiben auf dem Boden verteilen.

Nach dem Backen den Kuchen abkühlen lassen. Einen Tortenguß nach Packungsangabe unter Zugabe der Calvadosmarinade und etwas Wasser herstellen und auf dem Kuchen verteilen. Abkühlen und fest werden lassen.

((Backofen)) Elektro: 180 Grad, Umluft: 160 Grad, Gasofen: Stufe 2
((Uhr)) ca. 40 bis 50 Minuten

47. *Quark-Himbeertorte*

· 150 g Mehl
· 100 g Zucker
· 3 Eier
· 3 EL Wasser
· 1 Päckchen Vanillezucker
· 1 TL Backpulver
BELAG:
· 1 Päckchen TK Himbeeren
· 500 g Zucker
· 2 EL Rum
· 500 g Quark
· 1/2 Zitrone
· 6 Blatt Gelatine
· 175 ml Sahne

Eiweiß und Wasser sehr steif aufschlagen, Zucker und Vanillezucker unterrühren und Eigelb hinzufügen. Mehl und Backpulver darübersieben und locker unterheben. Teig in eine gefettete Form füllen und backen. Die aufgetauten Früchte in eine Schüssel geben (einige Himbeeren zum Garnieren zurückbehalten), mit einer Gabel zerdrücken, die Hälfte des Zuckers und den Rum unterrühren. Das Himbeermark auf den ausgekühlten Tortenboden streichen. Quark mit dem restlichen Zucker und Zitronensaft glattrühren. Die in kaltem Wasser eingeweichte Gelatine gut ausdrücken, in etwas heißem Wasser auflösen und unter die Quarkmasse rühren. Sahne steif aufschlagen, die Hälfte davon unter die Quarkmasse rühren, diese auf die Torte streichen und kalt stellen. Die fertige Torte mit der restlichen Sahne und den übrigen Himbeeren dekorieren.

((Backofen)) Elektro: 225 Grad, Umluft: 200 Grad, Gasofen: Stufe 2
((Uhr)) ca. 20 Minuten

48. *Gedeckter Apfelkuchen*

· 250 g Mehl
· 250 g weiche Butter
· 200 g Zucker
· 5 Eier
· 2 EL Puderzucker
BELAG:
· 5 Äpfel
· 75 g Zucker
· 1 TL Zimt
· 3 EL Zitronensaft

200 ml Wasser mit dem Zucker, Zitronensaft und dem Zimt aufkochen. Die Äpfel schälen, entkernen, und in Spalten schneiden. Die Apfelspalten in den Zitronensud geben, nochmals aufkochen und zugedeckt etwa 3 Minuten köcheln lassen. Den Sud abgießen und die Äpfel abkühlen lassen.

Für den Teig die Butter mit dem Zucker schaumig rühren, die Eier und zuletzt das Mehl zugeben. Alles zu einem geschmeidigen Teig verarbeiten. Die Hälfte des Teiges in einer gefetteten und mit Semmelbröseln ausgestreuten Springform glatt-streichen, die Apfelspalten anordnen und mit dem restlichen Teig bedecken.

Vor dem Servieren mit Puderzucker bestreuen.

((Backofen)) Elektro: 175 Grad, Umluft: 155 Grad, Gasofen: Stufe 2

((Uhr)) ca. 40 bis 50 Minuten

49. *Mandarinentorte*

· 100 g Zucker
· 150 g Mehl
· 1 Päckchen Vanillezucker
· 1 Päckchen. Backpulver
· 2 Eier
BELAG:
· 2 Dosen Mandarinen
· 1 Päckchen Vanillepudding
· 2 Becher Sahne
· 2 Päckchen Sahnesteif
· 1 Päckchen C-Frisch

Aus den erstgenannten Zutaten einen Teig herstellen und backen. Boden abkühlen lassen.

Tortenring um den Boden legen. Puddingpulver nach Packungsangabe verarbeiten, statt Milch den Saft der Mandarinen nehmen. Abkühlen lassen, Mandarinen untermischen. Sahne mit Sahnesteif und C-Frisch schlagen und unter den Pudding heben. Alles auf den Tortenboden verteilen.

12 Stunden im Kühlschrank lagern.

((Backofen)) Elektro: 175 Grad, Umluft: 155 Grad, Gasofen: Stufe 2
((Uhr)) ca. 30 Minuten

50. *Dirkis Käsetorte*

- 500 g Mehl
- 250 g Butter
- 300 g Zucker
- 2 Eigelb
- 1 Päckchen Backpulver
- 1 Päckchen Vanillezucker

BELAG:
- 750 g Speisequark
- 250 g Zucker
- 1 Päckchen Vanillezucker
- 125 g Butter
- 1 EL Grieß
- geriebene Zitronenschale
- 5 Eier
- Puderzucker

Die erstgenannten Zutaten mit den Händen zu Streuseln verarbeiten und ca. 30 Minuten im Kühlschrank kalt stellen. Dann die Hälfte der Streusel in eine Springform einfüllen und auf dem Boden fest andrücken. Für den Belag die Butter schaumig rühren, Vanillezucker, Grieß, Zucker, geriebene Zitronenschale und Eigelb zugeben. Alles gut verrühren, Quark zugeben, Eiweiß steif schlagen und vorsichtig unter die Quarkmasse ziehen. Den Belag über den Teig gießen, glätten und mit dem Rest der Streusel belegen.

Den fertigen, abgekühlten Kuchen mit Puderzucker bestreuen.

((Backofen)) Elektro: 175 Grad, Umluft: 160 Grad, Gasofen: Stufe 2

((Uhr)) ca. 60 bis 70 Minuten

51. *Sekttorte*

**Biskuitteig siehe Rezept 6
unter Zugabe von:**
· 3 EL Schokoraspeln
· 125 g gemahlene
Haselnüsse
BELAG:
· 1 Flasche Sekt
· 1 Dose Pfirsiche (Spalten)
· 1 Päckchen Tortenguß
klar
· 2 Päckchen Pudding-
pulver Zitrone (instant)
· 75 g Zucker
· 250 g Sahne
· 2 Päckchen Vanillezucker
· 8 Blatt Gelatine

Die erstgenannten Zutaten zu einem Biskuitteig
(siehe Rezept 6) verarbeiten und in eine mit Backpapier ausgelegte Springform füllen und backen.
Pfirsichspalten in einem Sieb abtropfen lassen. Den
abgekühlten und mit einem Tortenring versehenen
Boden mit Pfirsichspalten belegen, Tortenguß nach
Packungsanweisung zubereiten und über die
Pfirsiche gießen. Puddingpulver mit Zucker und
Sekt anrühren, Gelatine nach Vorschrift auflösen,
unter den Pudding rühren und etwas gelieren lassen. Sahne mit Vanillezucker steif schlagen und
unter die Puddingmasse ziehen. Die Masse auf
dem Tortenboden mit den Pfirsichen verteilen und
glattstreichen. Im Kühlschrank mehrere Stunden
fest werden lassen.

*((Backofen)) Elektro: 180 Grad, Umluft: 160 Grad,
Gasofen: Stufe 2*
((Uhr)) ca. 30 Minuten

52. Gefüllte Nußtorte

- 6 Eier
- 125 g Zucker
- 125 g gemahlene Nüsse
- 1/2 Tafel Vollmilchschokolade
- 1/2 Tafel Zartbitterschokolade

BELAG:
- 250 ml Sahne
- 1 Päckchen Vanillinzucker
- 2 Päckchen Sahnesteif

GLASUR:
- 1/8 l Sahne
- 1/2 Tafel Zartbitterschokolade
- 1/2 Tafel Vollmilchschokolade

Eigelb und Zucker schaumig rühren, Nüsse unter die Masse heben. Schokolade im Wasserbad auflösen und unterrühren. Eiweiß schlagen und nacheinander ebenfalls unter die Masse heben. Springform mit Backpapier auslegen, Teig einfüllen und backen.

Anschließend erkalten lassen.

Für den Belag nacheinander alle Zutaten steif schlagen. Auf dem erkalteten Boden kuppelförmig aufstreichen. Für den Guß die Zutaten in einen Topf geben, kurz aufkochen lassen und im Kühlschrank etwas fest werden lassen.

Dann auf den Sahnebelag streichen.

((Backofen)) Elektro: 180 Grad, Umluft: 160 Grad, Gasofen: Stufe 2

((Uhr)) ca. 30 Minuten

53. *Schokotorte*

- 200 g Mehl
- 200 g Zucker
- 75 g Butter
- 2 Eier
- 3 EL Wasser
- 1 Päckchen Vanillezucker

BELAG:
- 75 g Zucker
- 2 EL Kakao
- 2 Eier
- 100 g gemahlene Mandeln
- 1 TL Kaffeepulver
- 125 g Kokosfett
- 1 Gläschen Weinbrand
- Puderzucker

Die erstgenannten Zutaten zu einem Teig verrühren und in eine gefettete Springform füllen. Backen und anschließend auskühlen lassen.

Kokosfett schmelzen und abkühlen lassen und nach und nach alle anderen Zutaten hinzufügen. Den fertigen Tortenboden einmal durchschneiden, einen Tortenring anlegen und den Belag einfüllen. Die andere Hälfte des Tortenbodens wieder auflegen und die Torte mit Puderzucker bestreuen.

((Backofen)) Elektro: 180 Grad, Umluft: 160 Grad, Gasofen: Stufe 2
((Uhr)) ca. 30 Minuten

54. *Faule-Hausfrauen-Torte*

- 200 g Mehl
- 75 g Zucker
- 100 g Margarine
- 1 Ei
- 1 TL Backpulver
- **BELAG:**
- 1/2 Becher Sauerrahm
- 1/2 Tasse Öl
- 1 1/2 Tassen Milch
- 1 Päckchen Vanillepudding
- 2 Eier
- 500 g Quark
- 140 g Zucker
- 1 Dose Mandarinen
- 1 Päckchen Tortenguß klar

Aus den ersten Zutaten einen Mürbeteig kneten und ca. 30 Minuten im Kühlschrank ruhen lassen. Sauerrahm, Milch, Öl und Puddingpulver verrühren, dann erst Quark, Eier und Zucker hinzufügen. Den Mürbeteig zwischen Klarsichtfolie ausrollen und eine gefettete Springform damit auslegen. Die Quarkmasse einfüllen, die gut abgetropften Mandarinen darauf verteilen und backen.

Kuchen abkühlen lassen, Tortenguß nach Packungsangabe unter Verwendung des Mandarinensaftes anrühren und über die Torte ziehen.

((Backofen)) Elektro: 180 Grad, Umluft: 160 Grad, Gasofen: Stufe 2

((Uhr)) ca. 50 Minuten

55. *Schnelle Mohntorte*

- 300 g gemahlener Mohn
- 350 g Zucker
- 10 Eier
- 150 g gemahlene süße Mandeln
- 150 g Puderzucker
- Eiweiß
- etwas Zitronensaft

Eier trennen, Zucker, Eigelb, Mohn und Mandeln zusammen verrühren, Eiweiß zu steifem Schnee schlagen, unter die Mohnmasse heben, in eine gefettete Springform füllen und backen.

Aus Puderzucker, Eiweiß und Zitronensaft einen Guß anrühren und die Torte damit überziehen.

((Backofen)) Elektro: 180 Grad, Umluft: 160 Grad, Gasofen: Stufe 2

((Uhr)) ca. 50 bis 60 Minuten